28 mai 1897 99P

Vente du Vendredi 28 Mai 1897

HOTEL DROUOT, SALLE N° 1

à deux heures

TABLEAUX ANCIENS

ET

QUELQUES MODERNES

BEAUX PANNEAUX DÉCORATIFS

DESSINS, PASTELS, GOUACHES, GRAVURES

EXPOSITION PUBLIQUE

Le Mercredi 26 Mai 1897, de 1 heure 1/2 à 5 heures 1/2

COMMISSAIRE-PRISEUR	EXPERTS
Me PAUL CHEVALLIER	MM. FERAL Père & Fils
10, rue de la Grange-Batelière, 10	54, Faubourg-Montmartre, 54

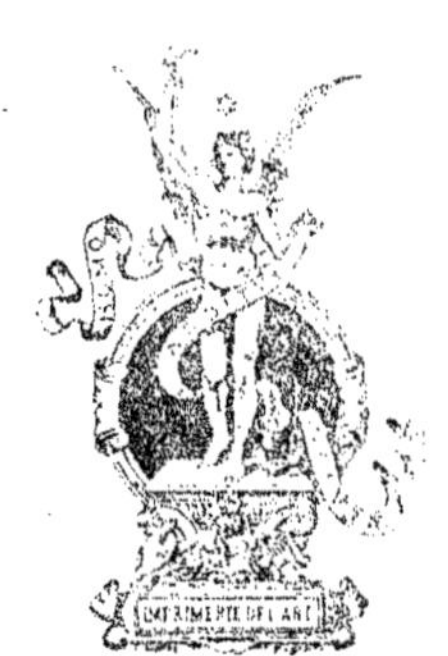
IMPRIMERIE DE L'ART

CATALOGUE

DE

TABLEAUX ANCIENS

ET

QUELQUES MODERNES

PAR ET D'APRÈS

Bosschaert, Boucher, Chardin, Desportes, De Troy, Dolci
Van Dyck, Francia, Van Goyen, Heintius, Hubert Robert, Jeaurat
Jordaens, Largillière, Leclerc, Lepaule, Lesueur, Longhi, Mantégna
Mierevelt, Mignard, Nattier, Netscher
Panini, Primatice, Rigaud, Santerre, Van Spaendonck
Téniers, Tournières, Van Tol, Vallin, Van Loo, Vernet, De Vos, etc.

BEAUX PANNEAUX DÉCORATIFS

PAR J.-B. LEPRINCE ET AUTRES

DESSUS DE PORTES

Portraits de Femmes du XVIIIe siècle — Vue de l'ancien Paris

DESSINS, PASTELS, GOUACHES, GRAVURES

DONT LA VENTE AURA LIEU

HOTEL DROUOT, SALLE N° 1

Le Vendredi 28 Mai 1897

A DEUX HEURES

COMMISSAIRE-PRISEUR	EXPERTS
Me PAUL CHEVALLIER	**MM. FÉRAL Père et Fils**
10, rue Grange-Batelière, 10	54, Faubourg-Montmartre, 54

Chez lesquels se trouve le présent Catalogue

EXPOSITION PUBLIQUE

Le Mercredi 26 Mai 1897, de 1 heure 1/2 à 5 heures 1/2

CONDITIONS DE LA VENTE

Elle sera faite au comptant.

Les acquéreurs paieront *cinq pour cent* en sus des adjudications.

Paris. — Imp. de l'Art, E. Moreau et Cie, 41, rue de la Victoire.

DÉSIGNATION

TABLEAUX

BERKHEYDEN

(Attribué à)

1 — *Les bords de la Seine.*

La vue est prise du Pont-Neuf qui est animé par une multitude de personnages. Sur la droite, un riche carrosse qui paraît être la voiture du roi attelé de six chevaux blancs. A droite, le Louvre. A gauche, l'Institut. La statue équestre d'Henri IV, placée vers le centre, se détache sur un ciel nuageux.

Très curieux et intéressant tableau.

BOSSCHAERT

(Attribué à)

110 2 — *Fleurs et fruits dans un paysage.*

A droite un chien.
Dessus de porte.
Cadre en bois sculpté.

BORSUM

100 3 — *Écurie avec porte ouverte donnant sur la campagne.*

A gauche, une femme lave du linge.
Intéressant tableau signé en toutes lettres.

BOUCHER

(Attribué à F.)

230 4 — *La Bergère surprise.*

Gracieux dessus de porte.

BOUCHER

(D'après F.)

5 — Quatre dessus de portes : *Jeux d'amours figurant les Saisons.* 710

Cadres Louis XVI, en bois sculpté.

BOUCHER

(D'après)

6 — *Diane au bain.*

BOUCHER

(École de F.)

7 — *La Muse de la musique portée sur un nuage auprès de deux amours.* 600

Toile ovale. Cadre en bois sculpté.

BOUCHER

(École de F.)

8 — *Composition allégorique représentant cinq amours.*

Fond de ciel avec pyramide.
Dessus de porte.
Cadre en bois sculpté.

CHARDIN

(Attribué à)

9 — *Portrait de femme.*

Vue jusqu'à la ceinture, vêtement brun, bonnet de dentelle. Les mains dans un manchon.

Toile. Haut., 76 cent.; larg., 59 cent.

CLOUET

(Attribué à J.)

10 — *Portrait d'un gentilhomme, sous Henri II.*

Représenté debout, la tête de trois quarts tournée vers la droite. Il porte un justaucorps noir avec manches rougeâtres brodées. Il est appuyé sur une table et tient des gants.

Fin et précieux petit portrait sur bois.

DESPORTES

11 — *Un guet-apens; effet de lumière.*

DE TROY

(Genre de)

12 — *Portrait d'une fille de Louis XV.*

DOLCI

(Attribué à CARLO)

13 — *Hérodiade.* 245

Elle est debout, vue jusqu'aux genoux et tenant, dans un plat, la tête de saint Jean. Vêtue d'une robe bleue décolletée, le corsage orné de bijoux, un collier de perles autour du cou.

Cadre sculpté.

Toile. Haut., 1 m. 22 cent.; larg., 96 cent.

DYCK

(D'après VAN)

14 — *Portrait d'homme en buste.*

Cadre en bois sculpté.

FRANCIA

(D'après)

15 — *Portrait de femme.*

Cadre en bois sculpté.

Bois. Haut., 45 cent.; larg., 33 cent.

FYT

(École de JOHANNÈS)

16 — *Le Garde-Manger.*

Belle peinture d'une remarquable vigueur d'exécution.

GOYEN

(JAN VAN)

17 — *Bord de rivière en Hollande.*

A droite, des chaumières et quelques pêcheurs dans leurs bateaux.

Bois. Haut., 35 cent.; larg., 53 cent.

GOYEN

(Attribué à J. VAN)

18 — *Vue de Hollande.* 185

Pays plat. A gauche, une forteresse entourée de fossés, avec pont-levis ; à droite, des maisons entourées d'arbres. A l'horizon, des collines.

GUASPRE POUSSIN

(Attribué à)

19 — *Paysage agreste et boisé avec cerf au bord d'un cours d'eau.*

HEINTIUS

(Attribué à)

20 — *Portrait de Catarina Branciforte.*

HUBERT ROBERT

(Attribué à)

DEUX PENDANTS

21 — *Rochers, cours d'eau, forteresse avec figures.* 350

JEAURAT

22 — *Jeune homme en buste.*

De trois quarts à gauche, habit vert et coiffé d'un tricorne.

(Collection E. May.)

JORDAENS

(D'après)

DEUX PENDANTS

23 — *Les Joyeux convives.*

Bonnes copies des tableaux qui sont au musée du Louvre.

JORDAENS

(Attribué à JACQUES)

24 — *Suzanne et les vieillards.*

Belle peinture d'un très beau coloris.

KEYSER

(D'après TH. DE)

25 — *Portrait d'homme en buste.*

LARGILLIÈRE

(École de)

26 — *Portrait de femme sous les attributs de* 820
Diane chasseresse.

Elle est debout, vue jusqu'aux genoux et tient une pique.

Cadre en bois sculpté.

Toile.

LECLERC DES GOBELINS

27 — *Paysage.*

Ruines et bergers.

LEPAULE

(G.)

28 — *Cheval de selle et piqueur.*

Signé à gauche.

LEPRINCE

(J.-B.)

29 — *Six panneaux décoratifs.*

Ils représentent des sujets divers : personnages en costumes orientaux, sultan entouré de jeunes femmes, tireurs d'arc, pêcheurs au filet, bergers, danseurs et musiciens. Le tout entouré d'arabesques, guirlandes de fleurs et attributs divers, sur fond gris.

Belle et gracieuse décoration.

Dimensions de chaque panneau :

Toiles. Haut., 2 m. 90 cent.; larg., 1 m. 23 cent.

LESUEUR

(Attribué à)

30 — *L'Été.*

Figure allégorique entourée d'ornements, d'amours et de lions.

Panneau décoratif.

LESUEUR

(Attribué à)

31 — *Six panneaux décoratifs.*

Sujets mythologiques entourés d'ornements tels que rinceaux, arabesques, cariatides, guirlandes de fleurs, etc.

Bois.

LONGHI

(Genre de)

32 — *Mascarade après le festin.*

Cadre en bois sculpté.

MANTEGNA

(Attribué à)

33 — *La Vierge assise sur un trône et tenant l'Enfant Jésus sur ses genoux. A ses côtés, deux petits anges.*

Très intéressant tableau d'une remarquable finesse.

MARCELLIS

(OTTO)

34 — *Plantes, papillons, oiseaux et reptiles.*

Auprès d'un socle de pierre.

Toile. Haut., 1 m. 10 cent.; larg., 98 cent.

MICHAUD

(THÉOBALD)

35 — *Paysage accidenté.*

A gauche, un groupe de villageois causant à l'ombre d'un grand arbre. Sur la droite, une ferme; des bestiaux se désaltèrent dans une mare.

Fin et précieux petit tableau de l'artiste.

MIEREVELT

(Attribué à)

36 — *Portrait d'une dame de la Maison d'Autriche.*

Assise, vue jusqu'aux genoux, vêtue d'une robe noire, elle porte une collerette plissée. Une chaîne d'or entoure la ceinture.

Fond avec colonne et armoiries.

Cadre en bois sculpté.

Bois.

MIGNARD

(Attribué à)

37 — *Jeune femme.*

Vue à mi-corps, drapée dans un manteau rouge.

MIGNARD

(Genre de)

38 — *Portrait d'un gentilhomme en buste.*

Toile de forme ovale.

MILLET

(FRANCISQUE)

39 — *Paysage accidenté avec figures et animaux.*

Toile. Haut., 68 cent.; larg., 82 cent.

NATTIER

(École de)

40 — *Portrait de jeune femme sous les attributs d'une Source.*

Vue à mi-corps, en robe blanche ornée d'une écharpe bleue. Elle est appuyée sur une urne.

Cadre en bois sculpté.

Toile.

NETSCHER

(CONSTANTIN)

41 — *Portrait de jeune femme.*

Elle est assise auprès d'une fontaine, vêtue d'une robe de soie décolletée avec manteau de velours doublé d'hermine.

PANINI

(J.-B.)

42 — *Le Christ chassant les vendeurs du Temple.*

Le Christ descend les marches du Temple poursuivant les marchands.

Toile. Haut., 98 cent.; larg., 1 m. 13 cent.

PRIMATICE

(Attribué au)

43 — *Deux figures allégoriques, représentant la Justice et la Paix, avec deux amours dont l'un pose une couronne sur leurs têtes.*

Cadre en bois sculpté.

Toile. Haut., 1 m. 90 cent.; larg. 1 m. 45 cent.

RAPHAEL

(D'après)

44 — *Les Trois Grâces.*

Peinture sur porcelaine.

RAOUX

(Attribué à)

45 — *Jeune femme sous les attributs de Flore*

Fond de paysage.

RIGAUD

(Genre de H.)

46 — *Portrait d'un gentilhomme assis et tenant un livre.* 105

RIGAUD

(École de H.)

47 — *Portrait de femme.*

Vue à mi-corps, en robe rouge et manteau bleu bordé de fourrure.

Cadre en bois sculpté.

Toile ovale.

SANTERRE

(D'après)

48 — *Portrait d'un artiste.*

En buste avec collerette plissée.

SPAENDONCK

(C. VAN)

250 49 — *Fleurs.*

Des roses, des jacinthes, des oreilles-d'ours et autres fleurs dans une corbeille posée sur une console.

Bois. Haut., 25 cent.; larg., 19 cent.

SWANEVELT

(Attribué à H.)

50 — *Paysage avec rivière.*

Au centre, un pont en ruines où passent des villageois conduisant des bestiaux.

Sur le devant, un pêcheur à la ligne et des cavaliers.

Haut., 1 m. 30 cent.; larg., 1 m 60 cent.

TÉNIERS

(Attribué à DAVID)

51 — *Un vieux paysan lisant une lettre auprès d'une femme qui le regarde.*

TÉNIERS

(Attribué à DAVID)

52 — *Tentation de saint Antoine.*

Le saint est dans une grotte formée par de grands rochers.

TOL

(DOMINIQUE VAN)

53 — *La Dentellière.*

Elle est assise devant une fenêtre, son métier de dentelle posé sur ses genoux et regardant une vieille paysanne qui lui propose une volaille.

Fin et précieux tableau.

Bois. Haut., 34 cent.; larg., 27 cent.

TOURNIÈRES

(Attribué à ROBERT)

54 — *Portrait de femme.*

Debout, vue à mi-corps, en robe blanche décolletée, le bras droit appuyé sur une table.

Cadre en bois sculpté.

Toile.

VALLIN

55 — *Les Baigneuses.*

Elles sont au bord d'un cours d'eau, auprès d'un rocher formant une arche.

Très beau tableau de l'artiste. Signé et daté 1813.

Toile. Haut., 60 cent.; larg., 83 cent.

VAN LOO

(Attribué à CARLE)

56 — *Portrait de jeune femme.*

Vue à mi-corps, cheveux poudrés, robe blanche décolletée et manteau bleu.

Cadre en bois sculpté.

Toile ovale.

VERNET

(Genre de CARLE)

57 — *Chasse à courre.*

VOS

(PAUL DE)

58 — *Le Garde-manger.*

Deux chiens se disputent un morceau de viande.

A gauche, se trouvent un panier renversé, des artichauts et des concombres.

Très bon tableau, en parfaite conservation.

Cadre en bois sculpté.

VOUET

(Genre de SIMON)

59 — *Petite fille tenant une corbeille de fleurs.*

ÉCOLE ALLEMANDE

60 — *Portrait du seigneur Scalzi.*

ÉCOLE FRANÇAISE

61 — Deux Panneaux décoratifs: *Épisodes de la vie de Sully.*

Entourés d'ornements et figures allégoriques; cariatides, etc.

Le tout sur fond blanc.

(Proviennent de l'hôtel Sully.)

ÉCOLE FRANÇAISE

XVIIIe SIÈCLE

62 — *Jeune fille lisant.*

ÉCOLE FRANÇAISE

63 — *Jeune femme vue jusqu'à la ceinture.*

Les cheveux relevés et poudrés; robe blanche décolletée avec écharpe rose.

ÉCOLE FRANÇAISE

64 — *Portrait de jeune femme sous les attributs de Diane chasseresse.*

ÉCOLE FRANÇAISE

65 — *Portrait de femme.*

En robe bleue avec écharpe rose

ÉCOLE FRANÇAISE

66 — *La Musicienne.*

ÉCOLE FRANÇAISE

67 — *Portrait d'homme en habit blanc.*

ÉCOLE FRANÇAISE

68 — *Tête de sanglier posée sur une table en partie couverte d'une serviette.*

ÉCOLE FRANÇAISE

69 — *Jeune femme.*

Coiffée d'un chapeau de paille et tenant des fleurs.

ÉCOLE HOLLANDAISE

70 — *Fillette accoudée sur un balcon.*

ÉCOLE HOLLANDAISE

71 — *Portrait d'enfant.*

ÉCOLE ITALIENNE

72 — *Jeune fille tenant une perruche et des cerises.*

Cadre en bois sculpté.

ÉCOLE ITALIENNE

73 — *Sibylle tenant un livre ouvert sur ses genoux.*

ÉCOLE ITALIENNE

74 — *Jeune femme.*

Vue à mi-corps, tenant des fleurs.

ECOLE ITALIENNE

75 — *Cavaliers à la porte d'une église.*

Bois.

ÉCOLE MODERNE

76 — *Femme arabe lavant du linge.*

DESSINS, PASTELS, GOUACHES

BOUCHER

(FRANÇOIS)

77 — *La Bergère endormie.*

Pastel.

BOUCHER

(F.)

78 — *Berger étendu et pêchant à la ligne.*

Dessin au crayon noir, rehaussé de blanc.

BOUCHER

(Attribué à F.)

DEUX PENDANTS

79 — *Bergères et enfants.*

Sanguines.

DE LAFOSSE

80 — *Attributs et motifs de décoration.*

Cinq dessins à la plume, ombrés d'encre de Chine.

DROUAIS

(D'après)

81 — *Fillette en robe rose.*

Pastel.

GUIARD

(Attribué à Mme)

82 — *Portrait de jeune femme.*

Vue à mi-corps, les cheveux relevés et poudrés. Robe de mousseline blanche, décolletée et ceinture bleue.

Pastel signé et daté 1785.

HUBERT ROBERT

83 — *Rochers, cascades et monuments de Rome.*

Quatre dessins.
Sanguine et lavis.
Ce numéro pourra être divisé.

LAHIRE

(Attribué à L. DE)

DEUX PENDANTS

84 — *Fontaine avec villageois et femme faisant boire un cheval.*

Paysage avec rochers et cavalier sur un chemin.

Gouaches.

NATTIER

(Genre de)

85 — *Jeune femme en buste.*

Robe blanche décolletée et manteau bleu.
Pastel.

PILS

86 — Cinq cartons-croquis : *Chevaux et soldats.*

Ce numéro sera divisé.

RUBENS

(Attribué à P.)

87 — *Tête de femme.*

Crayon noir.

ÉCOLE ALLEMANDE

(DEUX PENDANTS)

88 — *Paysages avec maisons, figures et animaux.*

Gouaches.

ÉCOLE FRANÇAISE

89 — *Portrait de jeune femme.*

Vue jusqu'à la ceinture ; robe jaune décolletée, bordée de fourrure.

Pastel de forme ovale.

ÉCOLE FRANÇAISE

90 — *Portrait d'un jeune artiste.*

Pastel.

ÉCOLE FRANÇAISE

91 — *Jeune femme.*

Sanguine.

---

92 — Deux gravures, d'après Van Loo : *Madame de Pompadour en belle jardinière et Madame d'Oligny.*

93 — Six gravures anglaises en noir : *Chevaux de courses.*

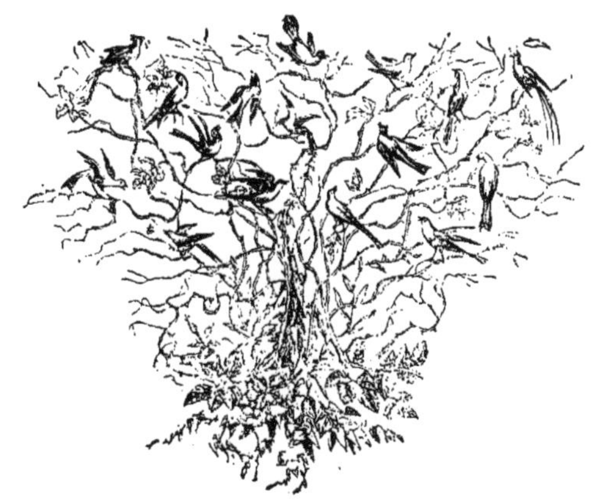

www.ingramcontent.com/pod-product-compliance
Ingram Content Group UK Ltd.
Pitfield, Milton Keynes, MK11 3LW, UK
UKHW020517180726
13839UKWH00005B/2145